Neutralisation des Bancs de Terre-Neuve

# LETTRES
de
## M. le Marquis de LA FERRONNAYS
DÉPUTÉ
Président du Conseil général de la Loire-inférieure

à

## M. le Commandant A. RIONDEL

⚜

Années 1884 à 1907

⚜

Clôture de la Campagne maritime humanitaire

FÉCAMP

IMPRIMERIES RÉUNIES M.-L. DURAND

1911

Neutralisation des Bancs de Terre-Neuve

# LETTRES

de

## M. le Marquis de LA FERRONNAYS

DÉPUTÉ

Président du Conseil général de la Loire-Inférieure

à

## M. le Commandant A. RIONDEL

cx&o

Années 1884 à 1907

cx&o

Clôture de la Campagne maritime humanitaire

FÉCAMP

IMPRIMERIES RÉUNIES M.-L. DURAND

1911

# PRÉFACE

En 1884, dans un voyage de Cherbourg à Angers, je rencontrai, à la gare de Mézidon, un voyageur très aimable ayant l'apparence militaire. La conversation s'engagea bien vite entre nous, et j'appris que mon compagnon de route avait été longtemps dans l'armée, qu'il venait de quitter, et qu'en dernier lieu il était attaché militaire à Berlin ; il habitait la Loire-Inférieure, et son domicile était à Paris, et à Saint-Mars-la-Jaille en été. Il quittait la carrière militaire pour se présenter, comme député, aux prochaines élections législatives, avec de grandes chances de réussir, ajoutait-il, ce qui eut lieu peu de temps après notre rencontre.

De mon côté, je lui appris que

j'avais appartenu longtemps à la Marine et que je venais de publier un ouvrage sur la Sécurité Maritime et les Abordages : c'était la collision du paquebot français *Saint-Germain* avec un groupe anglais, le *Woodburn*, remorqué par le vapeur *Recovery*.

A mon arrivée, je lui envoyai ma brochure, et c'était dans sa réponse qu'il m'annonçait, avec ses remerciements, qu'il avait été élu à Ancenis, avec une grande majorité sur son concurrent.

C'était le Marquis Henri de la Ferronnays qui me demandait d'être, dans le Parlement, le défenseur *infatigable* de cette cause humanitaire, que je venais de lui faire connaître. De 1884 à 1907, pendant 23 ans, nous avons eu, naturellement, une correspondance régulière et très suivie.

Ce sont des extraits de ses lettres qui composent entièrement ma brochure ; quelques années avant sa maladie *dernière*, je lui avais demandé, dans l'intérêt de la cause, de m'autoriser à publier toutes ses lettres.

« Oui, avec plaisir, mais vous ne ferez, me dit-il, aucun changement *d'amélioration,* comme cela se fait souvent. Je veux être jugé d'après mes œuvres, et sans corrections posthumes. »

Quel homme de cœur et de conscience était le cher et regretté Marquis, et comme sa correspondance le peint bien sous son vrai jour.

Un jeune écrivain, du plus grand talent, M. Charles Durand, rédacteur en chef du *Journal de Fécamp*, avait été captivé par les éminentes qualités du défunt ; le portrait a été tracé par lui de main de maître.

Ces deux natures d'élite, bien faites pour se comprendre, ont disparu, à très peu d'intervalle l'une de l'autre ; et maintenant, au nom des populations maritimes, je leur adresse, à tous les deux, nos remerciements chaleureux et un dernier adieu.

Commandant Albert RIONDEL.

# LETTRES

de

## M. le Marquis de LA FERRONNAYS

DÉPUTÉ

Président du Conseil général de la Loire-Inférieure

à

## M. le Commandant A. RIONDEL

Années 1884 à 1905

---

## 1884

### 1re LETTRE

St-Mars-la-Jaille (Loire-Inférieure),
le 8 septembre 1884.

Mon cher Commandant,

. . . . . . . . . . . . .

J'ai reçu exactement et j'ai lu avec le plus vif intérêt votre brochure sur la collision dont le *Saint-Germain* a été victime.

. . . . . . . . . . . . .

Votre proposition d'arbitrage international est une idée nouvelle : permettez-moi d'ajouter que je la trouve particulièrement heureuse et c'est là, précisément, ce qui diminue ses chances d'être acceptée en ce moment. L'Angleterre, dont la politique s'inspire de la devise du Lion de Phèdre *(quia nominor Leo)* ne consentirait que difficilement à soumettre les méfaits de ses capitaines à un tribunal où prévaudrait le Code de l'équité et non plus ce code si essentiellement anglais qui n'a qu'un seul article : *Tout ce qu'un Anglais a fait est bien fait.*

Encore quelques exploits comme ceux que vient d'accomplir l'amiral Courbet et notre marine reprendra, dans le chapitre des nations maritimes, la prépondérance à laquelle elle a droit ; alors sera venu le moment de produire à nouveau vos idées si judicieuses et si véritablement pratiques.

## 2ᵉ LETTRE

St-Mars-la-Jaille, le 15 septembre 1884.

Je vous renvoie sous ce pli les lettres que vous m'avez envoyées ; elles sont *trop précieuses* pour que je veuille assumer la responsabilité de les conserver plus de temps qu'il ne m'en a fallu pour les lire *trois* fois. Merci vivement d'avoir bien voulu me les communiquer : elles donnent une haute idée du caractère de celui qui les a écrites ; de la modestie, du sang-froid et de la dignité : trois qualités si rares aujourd'hui que pour bien des gens elles semblent être des défauts! Je n'ai pas l'honneur de connaître M. le commandant Bonnaud : la demande que je vais vous adresser est donc bien présomptueuse de ma part, mais si vous avez occasion de lui écrire, je serais heureux que vous voulussiez bien lui dire la satisfaction que la lecture de ses lettres doit causer à tout homme de cœur et que j'ai éprouvée moi-même au plus haut degré.

La Ferronnays.

## 1885

### 3ᵉ LETTRE

Paris, le 12 mai 1885.

Mon cher Commandant,

J'ai lu avec un vif intérêt la correspondance que vous avez échangée avec le gouvernement américain.

La campagne que vous entreprenez a pour elle tous ceux qui croient que le progrès consiste, non dans le bouleversement, mais bien dans la transformation méthodique d'institutions qui, bonnes à leur origine, sont devenues insuffisantes par la force même des choses. Elle sera, je n'en doute pas, couronnée de succès et mes vœux bien sincères accompagneront vos généreux efforts.

LA FERRONNAYS.

## 1886

### 4ᵉ LETTRE

10 janvier 1886.

Tous mes vœux aussi, mon cher Commandant. Je n'ai pas perdu de vue la question ; j'en ai parlé à bien des gens et j'ai toujours trouvé une extrême réserve motivée surtout par l'opinon *très générale des marins que tout est pour le mieux dans le meilleur des mondes*. Le moyen le plus efficace, je crois, serait d'introduire la question par voie de *pétition*. Les pétitions signées par les intéressés : commandants, armateurs, etc.

### 5ᵉ LETTRE

Paris, le 12 avril 1886.

Avant de répondre à votre lettre du 18 mars, j'ai tenu à lire et à relire — pour m'en mieux pénétrer — votre brochure.

Il me semble qu'une réforme s'impose, mais, vous le savez, en France, les réformes sont plus difficiles à faire aboutir que les révolutions. J'ai donc cherché quel était le meilleur moyen à prendre pour amener vos idées au grand jour d'une discussion publique ; or, voici le système qui me semble le plus pratique.

S'il vous convient, je me mets à *votre entière disposition* pour l'appliquer.

Il faudrait adresser une pétition à la Chambre, pétition fortement motivée, sans être trop longue, dans laquelle vous invoqueriez à l'appui de vos idées le souvenir de ces collisions épouvantables : celle du *St-Germain* me semble particulièrement caractéristique.

Après avoir constaté le mal, vous indiqueriez le remède, ce qui vous conduirait à exposer sommairement les mesures que vous jugez nécessaires — dans cette partie il faudrait beaucoup d'ordre et de clarté.

Pour terminer, vous exposeriez la question internationale en résumant les démarches que vous avez déjà commencées en vue d'arriver à une entente commune.

Cela fait, vous auriez l'obligeance de m'envoyer cette pétition, qui doit être adressée ainsi :

« Monsieur le Président,
« Messieurs les Membres de la Chambre des Députés. »

Je la déposerais moi-même ; j'en surveillerais l'étude dans la commission des pétitions ; je tâcherais d'en faire confier le rapport à un ami, puis, une fois le rapport déposé, j'en réclamerais, conformément au règlement, la discussion publique, au cours de laquelle je porterais à la tribune tout ce que vous avez bien voulu m'apprendre sur cette question. Après cela, il serait bien difficile de persister dans les atermoiements.

Vous avez, du reste, tout le temps nécessaire pour peser ma proposition, et examiner si elle vous convient. La

Chambre va prochainement entrer en vacances et c'est seulement à son retour, c'est-à-dire au milieu de mai, que votre pétition pourra être utilement déposée.

Voilà, mon cher Commandant, le résultat des réflexions qui ont rempli le long temps pendant lequel je ne vous ai pas répondu ; vous voyez que si je ne disais rien, je n'en pensais pas moins.....

### 6e LETTRE

Paris, le 6 juin 1886.

. . . . . . . . . . .

J'ai causé de notre affaire et je ne doute pas que ces pétitions reçoivent un bon accueil du Parlement. L'utilité du tribunal international est universellement reconnue : je n'ai rencontré de doutes que sur *la possibilité* d'amener les puissances maritimes et surtout la plus meurtrière de toutes — l'Angleterre — à s'y soumettre.

Quant à l'éclairage et aux règles de routes, vos idées sont plus contestées — et je doute qu'elles soient admises à la rue Royale, où l'opinion dominante me parait être que la perturbation due aux changements à apporter à des habitudes aujourd'hui *universellement* prises serait très dangereuse.

Tout cela du reste n'est que le 2e acte. Le 1er se jouera à la Chambre. Je vais en reparler à MM. Farcy et Liais et je crois pouvoir vous promettre le succès.

### 7ᵉ et 8ᵉ LETTRES

Paris, le 28 juin 1886.

Je déposerai tantôt *à la tribune* vos pétitions, ainsi qu'une de Paris qui m'est déjà parvenue.

. . . . . . . . . .

Paris, le 1ᵉʳ juillet 1886.

Vos pétitions sont déposées ; j'attends les autres.

. . . . . . . . . .

### 9ᵉ LETTRE

Paris, le 15 octobre 1886.

. . . . . . . . . .

Vos pétitions ont été déposées hier (voir *Officiel* de ce matin à la fin du compte-rendu *in-extenso*) ; elles seront remises à la commission que l'on nommera lundi. La commission de juin ayant encore le droit de recevoir les pétitions que j'ai remises en juin, mais ne les ayant pas reçues, on m'a promis, en les lui transmettant, de l'inviter à s'en dessaisir en faveur de la commission d'octobre.

Je vous tiendrai au courant de la suite de ces affaires.

LA FERRONNAYS.

## 1887

### 10ᵉ Lettre

Paris, le 18 janvier 1887.

**Mon cher Commandant,**

Vous devez croire que je vous ai complètement oublié depuis le temps que je suis resté sans vous donner signe de vie. Il n'en est rien pourtant et j'attends — avec les nouvelles des ports du Midi, dont vous m'avez parlé — le moment favorable pour faire mon rapport. Ce moment, je doute qu'il se présente tant que M. X... sera à la tête du ministère des Affaires étrangères.

. . . . . . . . . . . . . . . .

D'ailleurs, d'autres circonstances, plus graves celles-là, rendraient dangereuses des négociations quelconques en ce moment, et les chances de guerre sont trop grandes pour que la plus grande circonspection ne soit pas imposée dès qu'une question étrangère est en jeu.

. . . . . . . . . . . . . . . .

### 11ᵉ Lettre

Paris, le 6 février 1887.

Nous avons je crois fait un pas sérieux. Hier, j'ai causé de votre campagne avec M. Félix Faure, député de la Seine-Inférieure et membre de la Chambre de commerce du Havre.

A ce double titre, il s'occupe activement des questions maritimes et s'intéresse très particulièrement au succès des réformes que vous réclamez ; nous sommes tombés d'accord sur la nécessité de provoquer une action diplomatique à ce sujet ; et pour cela, la meilleure méthode nous a semblé être de créer un grand courant d'opinion, non seulement en France, mais en quelque sorte dans le monde entier, et voici ce dont nous sommes convenus :

Au lieu de *retarder* le rapport de vos pétitions, comme j'en avais tout d'abord le projet, je vais le déposer dans le courant du mois et M. Faure (Seine-Inférieure) en demandera la discussion et, comme conclusion de cette formalité, proposera que la question soit examinée dans un congrès libre de marins, armateurs, et qui se réunirait *au Havre* pendant l'exposition maritime de cette année. Les vœux de ce Congrès seront certainement en votre faveur et l'agitation ainsi créée nous donnera la force nécessaire pour secouer la torpeur du gouvernement.

Comme vous le voyez, nous touchons à la période d'exécution et je vous tiendrai au courant de ce que tout cela deviendra. Quand le rapport sera prêt, je vous le communiquerai avant de le soumettre à la Commission.

. . . . . . . . . . . .

## 12<sup>e</sup> Lettre

Paris, le 3 mars 1887.

Je suis revenu de Bretagne hier soir

et j'ai trouvé vos trois lettres. Tout naturellement j'ai fini leur lecture par la dernière qui m'apprend votre départ pour Cherbourg ; dans ces conditions j'attends un billet de vous pour me fixer sur les dates qui vous conviendraient pour les conférences de Dunkerque et de Marseille. Je compte mettre les lettres que vous m'avez adressées pour ces Chambres de commerce sous le patronage des députés du Nord et des Bouches-du-Rhône.

. . . . . . . . . . . . . . .

Dès que vous m'aurez fixé sur les dates, j'enverrai les lettres aux Chambres de commerce.

### 13ᵉ Lettre

Paris, le 6 mars 1887.

Votre lettre pour Dunkerque est partie hier, accompagnée d'une note explicative de votre serviteur et TRÈS CHAUDEMENT recommandée au président du Tribunal de commerce par un député du Nord (Déjardin Verkinder), son ami intime.

M. Maurel, de Toulon, qui prend très à cœur cette affaire, se chargera de faire parvenir à destination, dans les meilleures conditions, la lettre pour *Marseille* ; tout permet donc d'espérer que nous aborderons ou plutôt que *vous* aborderez la Méditerranée comme l'Océan.

A quoi tiennent pourtant les choses ! Comme vous le dites si justement : dire que si je n'avais pas eu envie d'allumer en gare de Mézidon la pipe qui a fait l'objet de notre première conversation, je n'aurais pas la grande satisfaction de contribuer pour ma faible part à votre réforme !

### 14ᵉ Lettre

Paris, le 12 mars 1887.

. . . . . . . . . . . . . . .

J'attends pour notre rapport que la campagne de M. Maurel m'ait ramené quelques épaves de la Méditerranée. En attendant, je puis vous apprendre que vos ouvertures ont été accueillies avec une grande faveur à Dunkerque et que la Chambre de commerce vous a déjà écrit ou va le faire.

Je vais, dans les premiers jours de la semaine prochaine, m'entendre avec ces Messieurs du Havre, Dunkerque, Toulon, et ce pour faire appuyer votre démarche au ministère du Commerce.

. . . . . . . . . . . . . . .

### 15ᵉ Lettre

Paris, le 22 mars 1887.

Je m'empresse de vous retourner les très importantes lettres du Syndicat de Marseille et de la municipalité de Granville. J'y joins — et vous pouvez la garder — une lettre de M. Maurel qui vous montrera que de ce côté votre affaire marche aussi.

. . . . . . . . . . . . . . .

Je remettrai tantôt votre lettre au président de la Chambre de commerce de Bordeaux qui est député et je verrai à organiser une démarche collective auprès du ministre du commerce pour lui exposer votre affaire. Dès que tout cela sera fait, je vous en rendrai compte.

### 16ᵉ Lettre

Paris, le 5 avril 1887.

Je vous retourne la lettre de la Chambre de commerce de Marseille qui est, en effet, un refus que suivront sans doute tous les ports voisins. Il serait inutile d'en rechercher les causes et, comme vous dites fort bien, le mieux est de nous contenter de l'Océan et de la Manche.

Je vous envoie par contre la lettre ci-jointe du correspondant à Paris de la Chambre de Bordeaux. Là vous êtes accueilli à bras ouverts !

. . . . . . . . . . .

### 17ᵉ Lettre

Paris, le 4 mai 1887.

J'ai bien reçu votre télégramme... Ces succès sont d'un bon augure et si je n'avais pas trop compté sur la bonne volonté de M. Maurel — qui, du reste, est peut-être paralysé à Marseille — j'aurais pu, je crois, vous assurer un meilleur accueil dans la cité des Phocéens.

. . . . . . . . . . . . . .

Dès que vous saurez la date de votre présence à Paris, soyez assez aimable pour me la faire connaître, pour que je puisse prendre jour avec le président de la Commission et vous faire entendre. Il vaudra mieux ne faire mon rapport qu'après cette séance, pour le rédiger dans le sens du courant d'opinion que vous aurez provoqué. Puis, en y songeant, il me semble qu'ayant été très chaleureusement appuyé à *Granville*, vous pourriez faire demander la discussion de mon rapport — lorsqu'il sera déposé — par M. Riotteau, le nouveau (et le seul) député républicain de la Manche qui, si je ne me trompe, est maire de Granville. Nous aurions ainsi moins l'air de nous être donné le mot, et la majorité serait plus favorablement disposée en voyant l'idée soutenue par un des siens.

Je vous retourne, sous ce pli, la copie de la lettre de Courbet ; je crois qu'au point de vue de votre grande affaire, le mieux est de ne pas en faire usage *pour le moment*. Les souvenirs si glorieux et si douloureux du grand amiral réveillent la lutte de nos partis politiques et il ne faut pas que nos dissensions servent de prétexte à ceux qui voudraient entraver vos salutaires et patriotiques réformes. Pour vous parler ainsi, je suis forcé d'étrangler en moi l'homme politique. Aussi, verrez-vous seulement, dans la réserve que je crois pouvoir vous conseiller à ce sujet, *la preuve de mon vif désir du succès de votre entreprise*.

. . . . . . . . . . . . . .

## 18ᵉ Lettre

Paris, le 17 juin 1887.

Je vous retourne suivant votre demande les lettres que vous m'avez communiquées. Je crains hélas ! qu'il ne soit difficile, pour ne pas dire impossible, de vous faire envoyer en mission à Londres. Je vais pourtant voir si j'y puis parvenir, mais cette Association a un caractère *purement privé* et il me paraît peu probable que le gouvernement puisse s'y faire officiellement représenter.

. . . . . . . . . . . .

Je vais vous envoyer (si je puis m'en procurer un exemplaire) mon rapport qui a été distribué *hier*.

## 19ᵉ Lettre

Bresse-sur-Grosne (Saône-et-Loire),
le 7 juillet 1887.

Je n'ai pas encore de réponse du ministre du commerce, mais quand vous aurez vu celui de la marine il est probable que vous arrangerez aisément l'affaire de Londres.

## 20ᵉ Lettre

St-Mars-la-Jaille, le 13 juillet 1887.

Les renseignements particuliers que j'ai eus confirment absolument ceux du ministre de la marine. Ce congrès de Londres n'a aucun caractère officiel et c'est une affaire purement privée. Je n'en ai pas moins fait une nouvelle démarche auprès du ministre du commerce avant-hier ; il m'a promis d'examiner la question, mais je serais surpris que le résultat de cet examen fût favorable.

### 21e LETTRE

St-Mars-la-Jaille, le 15 août 1887.

Je suis bien en retard pour vous remercier de votre brochure sur la défense de Cherbourg dont j'ai reçu *deux* exemplaires. J'avais déjà lu la plupart des idées que vous développez dans votre excellente Revue (1) ; ces idées sont bien justes : c'est une raison pour qu'elles ne soient accueillies que trop tard. Je vous ai envoyé du Mont-Dore une lettre que vous écrivait un M. Hamon qui m'est inconnu, mais qui me semble un ardent partisan de vos réformes. En ce moment on m'a l'air de n'y plus guère songer, mais nous tâcherons de ne pas laisser se détourner

---

(1) Il s'agit d'une Revue maritime que j'ai créée à Cherbourg, en 1887, et qui parut avec grand succès pendant trois années. Je l'avais surtout faite en vue de la question qui nous occupe. J'ai cessé avec regret cette publication qui, ajoutée à mes travaux multiples, me causait trop de tracas. La clôture de la Conférence de Washington était une occasion. C'était le 31 décembre 1889. — Ct. R.

le courant, et de ne pas attendre pour cela que de nouveaux sinistres viennent lugubrement rappeler l'attention sur la question.

### 22<sup>e</sup> LETTRE

Paris, le 3 novembre 1887.

Votre idée est excellente. Si les Chambres de commerce qui vous ont si justement applaudi veulent bien inviter leurs députés à se joindre à nous, nous aurons un gros point d'appui.

Je vous envoie, suivant votre désir, *trois* exemplaires de mon rapport.

Je viens de causer avec Farcy ; dès que la réponse du ministre aura été distribuée je m'entendrai avec lui et Douville pour la fixation du jour où nous reprendrons la question et je vous en informerai aussitôt.

Le « Journal du droit international » me demande un exemplaire de mon rapport que je lui envoie.

### 23<sup>e</sup> LETTRE

Paris, le 7 novembre 1887.

Merci de vos documents que j'ai reçus ce matin ; je m'occupe de les mettre sous forme de dossier pour m'en servir tantôt. L'interpellation Faure n'a rien à voir avec notre affaire qui ne peut même pas être amorcée aujourd'hui puisque nous ignorons officiellement la décision du ministre sur vos pétitions.

M. Faure m'a seulement demandé d'intervenir à cause de la connexité des deux affaires et pour entraîner les votes de la droite ; il se propose simplement de mettre le ministre des affaires étrangères en demeure d'exiger du gouvernement anglais une réparation pécuniaire pour les victimes de l'abordage de la *Ville de Vittoria* par le Sultan (?) dans les eaux du Tage.....

Cet abordage est dû, disent les Anglais, à un cas de force majeure, la violence du jusant ; mais le vrai cas a été la rupture des chaînes d'ancre, par suite de la mauvaise qualité d'un maillon. Le gouvernement n'ose pas avouer ce fait, qui prouverait une fois de plus le mauvais état du matériel et justifierait le mécontentement du Parlement. Vous voyez que c'est un cas très particulier et nous ne chercherons pas à le généraliser ; mais j'en profiterai pour poser une pierre d'attente et je ne doute pas que Douville, à qui je viens de faire porter votre lettre, ne saisisse l'occasion pour déverser un peu de la bile que les Anglais lui font habituellement faire.

Pour faciliter notre tâche, il faudrait fixer, au ralentissement de la vitesse dans les parages dangereux, une limite qui fût celle de la marche habituelle de la marine marchande libre, 10 à 12 nœuds par exemple. Sans cela, je doute que les Chambres de commerce donnent bien franchement ; avec cette limite, les compagnies subventionnées, et notamment la transatlantique, seront seules atteintes. Qu'en pensez-vous ?

La F.

3 h. 1/2. — La Chambre a refusé de

laisser transformer en *interpellation* la *question* que posait M. Félix Faure. Au point de vue parlementaire, cela changeait la situation, l'auteur seul d'une question pouvant prendre part à sa discussion. Je n'ai donc pas pu prendre la parole.

### 24ᵉ LETTRE

Paris, le 15 novembre 1887.

*En ce moment* l'opinion est *bien ailleurs*, et la commission d'enquête (1) ne me laisse pas un moment. Excusez-moi donc de ne pas vous répondre et attendons des jours plus calmes.

### 25ᵉ LETTRE

Paris, le 16 décembre 1887.

Je vous retourne vos lettres des Chambres de commerce, que je craindrais d'égarer avant le moment, hélas ! bien éloigné, où nous pourrons utilement engager notre affaire ; à la rentrée, la discussion du budget provoquera très rapidement une inévitable crise ministérielle d'où peuvent sortir de nouvelles complications. Lorsque les flots seront calmés, nous verrons ce qu'il y aura lieu de faire pour amener les choses en bonne voie.

LA FERRONNAYS.

---

(1) Enquête Wilson.

## 1888

### 26ᵉ LETTRE

Paris, le 16 janvier 1888.

Il me semble que le ministre manque à tous ses devoirs en ne vous accusant même pas réception de vos lettres et je vous engage à vous adresser à la commission d'enquête.

Pour cela, vous n'avez qu'à écrire à « M. Desmons, député du Gard, président de la commission d'enquête », et à adresser votre lettre, sous double enveloppe, à M. le président de la Chambre des députés, Paris. Inutile d'affranchir.

Il faut seulement écrire *sans perdre un instant*, c'est-à-dire par le courrier de *demain (mardi) soir*, car dans sa séance de mercredi, la commission doit fixer le jour après lequel elle ne recevra aucune nouvelle affaire.

### 27ᵉ LETTRE

Paris, le 30 janvier 1888.

Deux mots pour vous dire que votre lettre est bien arrivée à destination ; je l'ai fait parvenir par la voie régulière au président de la commission d'enquête et me suis assuré, lors de notre dernière réunion, qu'elle se trouvait actuellement entre les mains de la sous-commission des dénis de justice. Vous êtes donc arrivé bien à temps pour prendre rang, puisque nous avons fixé au 18 février la limite après laquelle nous n'accueillerons aucune nouvelle affaire. Comme les sous-commissions sont très surchargées, je ne puis vous dire quand on désirera vous entendre, mais j'irai prochainement, jeudi sans doute, voir Gervais, et après m'être entendu avec lui, je m'arrangerai en sorte que les désirs de la commission coïncident avec ceux du ministre, en ce qui concerne votre venue à Paris.

### 28ᵉ LETTRE

Paris, le 2 mars 1888.

Je vais écrire à M. le ministre des affaires étrangères pour savoir quel est le caractère de cette conférence de Washington et si elle a réellement un caractère international *officiel*, ou si, au contraire, c'est une entreprise privée, comme ce qui s'est fait à Londres l'été dernier. Je vous ferai connaître la réponse du ministre et, ensuite, il faudra aviser à vous y faire envoyer (1), ce qui sera moins facile.

Quant à l'opportunité d'une discussion publique, actuellement, je crois que le moment serait mal choisi. L'attention n'est pas à ces questions dans la Chambre et, dès que la discussion du budget sera close, on peut s'attendre à une crise ministérielle et cette situation empêche que l'on songe à autre chose.

---
(1) 12 Chambres de commerce ou Conseils mu-

## 29ᵉ LETTRE

Paris, le 25 mars 1888.

Il ne faut pas, hélas ! songer à fixer en ce moment l'attention de la Chambre sur la question des abordages.

Boulanger, Hervé, la chute ou le maintien du cabinet sont des préoccupations *trop absorbantes* pour qu'il soit possible de faire écouter quoi que ce soit ! Hier, la loi sur les caisses de retraites pour les ouvriers mineurs, bien que socialiste et déposée par les groupes avancés, a été discutée dans un désert. La Chambre s'était répandue dans les couloirs, en quête de nouvelles. Que serait-ce, s'il s'agissait d'une question maritime !

Peut-être, à la fin de mai, quand nous rentrerons, les dispositions seront-elles meilleures ; nous verrons alors ce qui peut être fait et rien ne presse absolument puisque le *bill* que je vous retourne n'a encore passé qu'à la Chambre basse.

## 30ᵉ LETTRE

Paris, le 18 juillet 1888.

La Chambre, hélas ! ne consent à s'émouvoir que pour les questions politiques ; aussi, continue-t-elle à laisser les navires s'aborder sans manifester le moins du monde le sentiment qu'il y aurait peut-être quelque chose à faire. Enfin,

Patience et longueur de temps
Font plus que force ni que rage,

---

nicipaux ont fait cette demande. La Chambre de Granville, refusée une première, fit une seconde demande. — Cᵗ R.

et votre persévérance finira par atteindre le but, j'en suis convaincu.

### 31ᵉ LETTRE

Saint-Mars-la-Jaille, le 31 décembre 1888.

Bien que mon bureau soit encombré de lettres à répondre, je veux que la vôtre ait un tour de choix et je tiens à vous dire, sans plus tarder, combien je suis sensible à vos aimables vœux. Moi aussi, je vous envoie les miens, bien sincères et bien affectueux, soyez-en persuadé. La sympathie que vous voulez bien me témoigner est très réciproque et se double d'un sentiment de respectueuse estime pour le courage avec lequel vous poursuivez votre grande œuvre. Comme toutes les causes justes, celle que vous soutenez triomphera. Mais que de ruines et que de larmes avant que le cri de l'humanité, outragée chaque jour, puisse se faire entendre au milieu de la clameur de nos débats stériles ! J'ai en effet constaté le mouvement de Granville. Si le député de cette ville, Riotteau, voulait se remuer, peut-être ferions-nous un pas en avant, car ce que l'on me refusera, parce que, sincèrement — je n'en doute pas — on le croira mauvais, on s'empressera de l'accorder au *seul* député républicain de la Manche. Pour moi, vous savez que vous me trouverez toujours sur la brèche et je considérerai comme le grand honneur de mes débuts dans la vie parlementaire d'avoir pu apporter mon modeste concours à votre noble entreprise.

La Ferronnays.

## 1889

### 32ᵉ LETTRE

Paris, le 11 février 1889.

. . . . . . . . . . .
Comme toujours lorsque votre mouvement reprend, voilà les sinistres qui redoublent pour vous donner raison (1).

### 33ᵉ LETTRE

Paris, le 12 mars 1889.

Nous allons demain en grande bande au ministère de la Marine d'abord, à celui des Affaires étrangères ensuite. Rue Royale, *je n'espère pas grand'chose.* Il y a dans la *marine officielle*, je ne dirais pas de l'indifférence, mais un sentiment profond que tout est pour le mieux dans la meilleure des législations, ou plutôt que pour améliorer une situation tolérable il faudrait se donner une peine hors de proportion avec les avantages que l'on en pourrait retirer.

Je pense donc que les marins ne nous viendront en aide que lorsque la décision souveraine d'une commission internationale les aura appelés en commission technique à travailler sur les bases d'un programme nettement défini ; ce jour-là, ils nous apporteront un concours des plus précieux, mais

---

(1) A chacune de mes conférences, un abordage avait lieu. Un journal de Rouen faisait d'ailleurs cette remarque au moment de ma conférence dans cette ville. — Cᵗ R.

en attendant, le mieux que nous puissions espérer, c'est l'accueil courtois que l'on rencontre toujours de la part de nos vaillants officiers, mitigé peut-être par l'agacement que leur causeront des gens mettant indûment le nez dans leurs petites habitudes.

Au quai d'Orsay, je me permets d'espérer qu'il n'en sera pas de même et je compte un peu, pour le succès de nos démarches, sur l'inexpérience du ministre des affaires étrangères. Un diplomate de profession se laisse rarement entraîner par une question de sentiment, et tel argument difficile à faire accepter par un vétéran de la carrière séduira probablement, au contraire, le journaliste, intelligent, du reste, à qui les hasards des combinaisons parlementaires ont confié la direction de nos relations extérieures. Nous pourrons faire valoir auprès de lui l'éclat que jetterait, sur le gouvernement de la République, l'initiative d'une Conférence où l'humanité seule serait en jeu. Ce sont là des considérations auxquelles ces messieurs sont sensibles et qui, dans le cas actuel, contrairement à ce qu'il y a lieu d'en dire généralement, sont parfaitement justes ; au point de vue diplomatique pur, notre thèse peut aussi fort bien se soutenir. N'est-ce pas, en effet, la politique traditionnelle de la France que de grouper autour d'elle les puissances secondaires pour neutraliser les grandes puissances ? Or, si dans cette affaire quelques-unes des nations qui nous suivent sont des grandes puissances, elles n'occupent au point de vue de la marine qu'un rang secondaire. Est-il indifférent, par exemple, de préluder, par une entente sur une question générale avec les Etats-Unis, à celle qui devra forcément s'établir quand le canal de Panama — où qu'il doive être creusé — ouvrira des routes nouvelles vers le Pacifique ? Est-il indifférent de s'assurer de bonnes relations avec les marines danoise, suédoise, russe qui sillonnent le lac allemand de la Baltique ? Est-il indifférent d'entrer en bons rapports avec la marine espagnole ou grecque dans cette Méditerranée que prétendent nous disputer les flottes de la jeune Italie ? Vous le voyez, mon cher Commandant, les arguments, même ceux du métier, abondent et je me sens toute la conviction nécessaire pour bien les développer demain si besoin en est.

Quant à l'interpellation, je partage l'avis de Riotteau, avis justifié par l'état d'esprit de la Chambre qui est entrée dans les derniers mois de son orageuse existence ; nous n'obtiendrions qu'une attention distraite et le vote d'un ordre du jour *tout au plus* insignifiant qui, loin d'avancer les choses, les retarderait. Il se peut pourtant, si nous devions échouer complètement dans notre double démarche de demain, que nous ayons recours à ce moyen.

Je reçois à l'instant le numéro du *Petit Journal* que vous m'envoyez : bravo, voilà un excellent appui.

La Ferronnays.

## 1890

### 34ᵉ LETTRE

St-Mars-la-Jaille, le 9 janvier 1890.

Je regrette la disparition de votre petite revue et je ne verrais qu'une seule excuse à sa mort, c'est que sa publication vous fût onéreuse. Dans sa courte et utile existence, elle n'a pas seulement touché la question des abordages. Sur bien d'autres, elle a été une sorte de tribune indépendante ouverte aux justes revendications, *même* aux récriminations. Ce sont là des soupapes de sûreté très nécessaires.

Le Congrès de Washington aura beaucoup avancé les choses ; je serais surpris, pourtant, que du premier coup la révolution fût accomplie ; elle se fera, je n'en doute pas, mais pour aller vite, il faudrait un de ces sinistres devant lesquels l'esprit s'épouvante : un *Cunard* et un transatlantique, par exemple, s'abordant à toute vitesse par grosse mer et ne laissant qu'*un* ou deux survivants pour publier les détails de la catastrophe. Devant le sentiment d'horreur qui se produirait, l'Angleterre elle-même serait ébranlée et cesserait de mettre des bâtons dans les roues. Sauf cette horrible hypothèse, dont nous devons souhaiter ne jamais voir la réalisation, il faut laisser au temps le soin de parfaire votre œuvre (1). Le

---

(1) Que de sinistres depuis près de 15 ans ! Des *milliers* de vies humaines ont été sacrifiées. — Cᵗ R.

Congrès de Washington ne peut aboutir qu'à des vœux, mais il y aura été remué beaucoup d'idées et c'est énorme. C'est une page bien belle dans votre vie d'avoir pu, à force de volonté et de ténacité, créer un mouvement aussi général, et je considérerai toujours la bien modeste part que j'ai prise à vos luttes comme un grand honneur pour moi.

### 35ᵉ LETTRE

St-Mars-la-Jaille, le 5 octobre 1890.

. . . . . . . . . . .

Bravo, les choses marchent et vous finirez par aboutir.

### 36ᵉ LETTRE

17 décembre 1890.

Nous venons de lire, dans les *Tablettes* du 17, votre article sur le changement des routes anglaises. Nous avons pensé que le moment était bon pour frapper une fois de plus sur la tête du clou si dur à enfoncer; nous irons donc, demain, à 10 h., Peytral, Vallon et votre serviteur, trouver Ribot et l'exciter à une virilité dont jusqu'ici, hélas! il ne nous a guère donné d'exemples. Je vous rendrai compte de notre visite.

## 1891

### 37ᵉ LETTRE

Paris, le 1ᵉʳ février 1891.

Mon cher Commandant,

. . . . . . . . .

L'amiral Vallon m'a également transmis un dossier relatif à notre grande affaire des routes maritimes qu'il a reçu de vous, par l'intermédiaire de l'amiral d'Hornoy, et que je dois transmettre à l'amiral Paris ; il éclaire la situation d'une façon très particulière et j'en effectue aujourd'hui même la transmission à cet officier général. La question des *routes* pourra probablement aboutir, dans une certaine mesure, en ce qui concerne le banc de Terre-Neuve. Malheureusement, pour les itinéraires dans la Manche, il y a de très grandes résistances, et presque l'unanimité a pensé que s'il est déjà très difficile de les établir, il serait tout à fait impossible de les faire observer (1).

Ce sont des questions qui mûriront avec le temps et qui, tôt ou tard, se transformeront en applications pratiques ; il ne faut donc pas nous décourager.

---

(1) C'est l'affaire des juges, qui sauront bien obtenir la soumission et vaincre les résistances *intéressées*. — Cᵗ R.

## 38ᵉ LETTRE

Paris, le 11 juin 1891.

J'envoie à l'amiral Vallon le projet d'article que vous m'avez communiqué, en le priant de le passer ensuite à M. Bailly. En tant qu'*article*, je n'aurais pas de réserves à faire sur sa rédaction, toutes les appréciations pouvant sans inconvénient se produire dans un article de journal. S'il s'agit, au contraire, d'une sorte de prospectus destiné à lancer le Comité, je pense qu'il vaudrait mieux supprimer toute la citation de M. Fload (1). Son nom n'a pas, en France, une notoriété qui donne un surcroît d'autorité à son opinion ; et la façon trop peu parlementaire dont il l'exprime soulèverait, contre le Comité qui se placerait sous son patronage, des animosités qui entraveraient singulièrement l'efficacité de son action.

Je vous remercie d'avoir pensé à moi pour la vice-présidence de ce Comité, mais il m'est impossible d'accepter. J'ai en ce moment tant d'affaires sur les bras qu'il ne me resterait plus le temps nécessaire pour m'occuper de celle-là avec la suite indispensable au moment — surtout — d'une formation. Riotteau, par exemple, conviendrait très bien, puisqu'il représente des intérêts *pratiques* engagés dans la question. Quant à moi, je veux avant tout le succès de votre entreprise et je conserve du souvenir de nos efforts communs, à l'heure où tout était à faire,

---

(1) Le brillant délégué de Norvège à la Conférence de Washington.

une satisfaction de CONSCIENCE qui suffit largement à contenter ma modeste ambition.

### 39ᵉ LETTRE

*Château Piétrus, le 21 octobre 1891*
*(Par Ambès, Gironde).*

Votre lettre me parvient, comme vous le voyez, fort loin des ministres et de la Chambre ! Je ne reviendrai donc pas à Paris avant le milieu de novembre probablement et d'ici là il me sera impossible de prendre une part bien efficace à votre campagne, mais dès mon retour je serai tout à vous. J'ai vu aujourd'hui l'amiral d'Hornoy (1), mon voisin, chez qui j'ai déjeûné. Il avait été très frappé d'un article de vous, qu'il venait de lire dans les *Tablettes* ; je n'ai pu lui communiquer celui que vous m'annoncez et qui ne m'est pas parvenu encore.

### 40ᵉ LETTRE

*Paris, le 14 décembre 1891.*

J'ai reçu les deux journaux que vous m'avez envoyés ; celui qui traite de la décision du syndicat des capitaines au long-cours de Marseille ne m'apprend rien de nouveau, ces Messieurs m'en avaient envoyé une copie ainsi qu'à Peytral et à l'amiral Vallon. Nous nous sommes déjà entretenus de la marche

---

(1) L'amiral Dompierre d'Hornoy, ancien ministre de la marine et des colonies.

à suivre et nous avons pensé qu'avec toutes les préoccupations qui retiennent en ce moment l'attention de la Chambre et celle du Gouvernement, il vaut mieux retarder notre entrée en campagne jusqu'après les vacances de janvier.

Quant à la perte du *Coriolan*, il y a un point qui me rend perplexe : le journal, en effet, (le *Vieux Corsaire*) qui emprunte son récit au *Petit Journal* du 30 novembre, dit : « Le navire le *Coriolan*, » parti de Fécamp il y a environ un » mois pour se rendre à Terre Neuve » pour la pêche annuelle... »

Or, au 30 novembre, une grande partie des bateaux de pêche pour Terre-Neuve étaient en route depuis fort longtemps pour revenir et même en majorité déjà revenus. Pendant la première quinzaine du mois de novembre, que j'ai passée près de Bordeaux sur les bords de la Garonne, je voyais chaque jour passer devant mes fenêtres trois ou quatre barques ou goélettes revenant de Terre-Neuve avec un chargement complet ; le départ pour Terre-Neuve n'a-t-il pas habituellement lieu au printemps et dans ce cas, si le *Coriolan* est parti pour Terre-Neuve vers le 30 octobre, qu'allait-il y faire ?

Je ne communiquerai donc cet incident à l'amiral Vallon et à Peytral que lorsque je serai en mesure de répondre à cette objection, s'ils me l'adressent.

Confidentiellement (je ne le sais que par une indiscrétion dont pourrait pâtir celui qui l'a commise), je sais que mardi dernier les commandants des paquebots sur les deux lignes Havre-New-York ont reçu de la Compagnie Transatlantique l'indication d'une nouvelle route qui coupe le méridien de Terre-Neuve par 40° 6' de latitude Nord. C'est, paraît-il, un gros détour et qui n'a pas été sans mécontenter un peu les commandants qui voient ainsi compromise leur prime d'arrivée ; gardez ceci pour vous à moins que vous ne puissiez parvenir à en avoir la confirmation en dehors de moi.

J'ai eu occasion de voir depuis peu quelques marins du commerce et ils semblent s'intéresser beaucoup à la question des feux ; ils sont unanimes à critiquer le feu vert dont l'éclat peu sensible, à distance, se confond facilement comme effet avec un feu blanc ; puis ils disent que l'éclairage à l'huile est absolument insuffisant aujourd'hui.

### TÉLÉGRAMME

Paris, 18 décembre 1891.

Question routes Terre-Neuve sera portée demain Conseil ministres.

La Ferronnays.

### 41ᵉ LETTRE

Paris, le 19 décembre 1891.

Ainsi que mon télégramme d'hier vous l'a annoncé, M. le ministre des affaires étrangères nous a promis d'entretenir ses collègues, au Conseil des ministres, de l'affaire des bancs de Terre-Neuve. La question en ce qui concerne la France me paraît très complexe ; en dehors de l'allongement de route qui n'est pas très important, ce qui gêne le plus la Compagnie transatlantique, c'est la **concurrence** des compagnies étrangères ; il paraît que la presse américaine, qui est tout entière entre les mains de l'Allemagne, et par conséquent hostile à la France et aux compagnies françaises, relève avec le soin le plus malveillant la durée des traversées entre l'Amérique et l'Europe, de manière à nuire à nos lignes dès qu'elles ont le moindre retard sur leurs concurrentes. Il faudrait donc pour que la lutte fût égale que toutes les compagnies, au moins les compagnies anglaises, acceptassent un détour équivalant à celui qui concerne la Compagnie transatlantique (1). M. Ribot nous a dit que cette négociation regardait au premier chef M. le ministre du commerce, des postes et des télégraphes, notre compagnie, étant subventionnée comme ligne postale. En sortant du ministère des affaires étrangères, M. l'amiral Vallon et M. Peytral se sont rendus au ministère du commerce où ils ont trouvé M. Jules Roche dans les meilleures

---

(1) L'infériorité de vitesse des paquebots français, par rapport aux autres paquebots transatlantiques allemands et anglais, est véritablement humiliante — 2 nœuds 1|2 de moins à l'heure, à cette époque-là.

Dans de telles conditions, la *lutte* et la *concurrence* avec les Compagnies étrangères sont de *toute impossibilité*. La lutte n'a donc jamais existé dans le passé et n'existe pas dans le présent.

Cet argument n'a donc aucune valeur surtout quand il s'agit, sur un trajet de 3,000 milles marins, d'un aussi faible allongement de parcours de 24 lieues 3|4. — C$^t$ R.

dispositions. Je vous tiendrai au courant de la question à laquelle tous nos efforts vont tendre à donner un caractère international. C'est en effet dans un règlement international que peut uniquement résider la solution du problème et il importe peu pour la sécurité du Banc que nos deux ou trois paquebots qui passent chaque semaine s'en détournent, s'il doit être sillonné, comme il l'est aujourd'hui, journellement par 19 paquebots de pavillons étrangers.

La Ferronnays.

# 1892

### 42ᵉ LETTRE

Paris, le 25 décembre 1892.

Mon cher Commandant,

Il n'y a en ce moment absolument rien à faire. J'en ai causé avec l'amiral Vallon à qui vous avez également écrit. La Commission n'est plus, comme la précédente, une Commission d'enquête sur des actes administratifs, mais essentiellement une Commission d'enquête sur des faits de corruptions parlementaires. Cette question préoccupe et passionne trop les esprits pour qu'il soit possible d'espérer que l'on puisse parvenir à détourner l'attention un seul instant sur une autre. Je conserve donc les pièces et nous en recauserons plus tard.

LA FERRONNAYS.

## 1893

### 43ᵉ LETTRE

Paris, le 26 janvier 1893.

Mon cher Commandant,

Je viens de recevoir vos trois brochures, j'en garderai une et je transmettrai les deux autres à M. Peytral et et à l'amiral Vallon. Il n'y a pas à songer à introduire la question en ce moment, la Chambre n'entend être distraite du Budget que par les affaires de Panama. Il est impossible d'obtenir un instant d'attention pour une question qui ne se rattache pas à l'une de ces deux rubriques. Hier, par exemple, mis en cause par le Ministre de l'Intérieur à propos de la Légion d'honneur et d'une proposition de loi dont j'avais été rapporteur autrefois, j'ai eu le malheur de vouloir entrer dans des détails rétrospectifs ; et, au premier mot, le tapage a été tel que j'ai dû abandonner ma péroraison. Dans ces conditions, il faut laisser le calme se faire avant de pouvoir examiner quoi que ce soit.

### 44ᵉ LETTRE

St-Mars-la-Jaille, le 27 août 1893.

Deux mots, mon cher Commandant, pour vous exprimer tous mes regrets de votre échec. J'ignorais que vous fussiez candidat, car la brièveté de la période électorale et l'étendue de mon arrondissement m'ont forcé à passer sans répit 26 jours sur les routes, et, pendant ce temps, je ne savais avec quelque précision que ce qui se passait dans les arrondissements limitrotrophes (1).

Vous aviez un rôle bien utile à remplir à la Chambre....

Peytral, du reste, avait assez à faire pour lui-même, car il a été vivement attaqué pour avoir, à la suite de Dupuy, déchiré quelques feuillets du programme radical. Je ne sais vraiment pas comment la marine sera représentée dans la future Chambre. Rosamal s'est retiré en 1889, l'amiral d'Hornoy ne s'est pas représenté, Vallon est en ballottage, Farcy est battu. Reste Douville, dont le bon sens est parfois remarquable, mais qui a trop souvent aussi de fâcheuses boutades.

La marine marchande est également bien frappée : Delmas est battu, La Chambre s'est retiré, Lecour sera battu dimanche. Tout cela rendra difficile l'étude des questions maritimes dont le pontife unique va forcément se trouver être Félix Faure.....

LA FERRONNAYS.

---

(1) Le général de division du génie, directeur au ministère de la guerre, me déclara que la question des forts en mer de Cherbourg m'imposait le devoir de me présenter dans la Manche pour continuer le mouvement dans le Parlement. J'obtins 3,896 voix à ma grande surprise. — C' R.

# 1894

## 45e LETTRE

Paris, le 12 janvier 1894.

Mon cher Commandant,

. . . . . . . . . . . .

Oui, mon cher Commandant, voilà bien des années depuis qu'une rencontre en wagon nous a mis pour la première fois en relations... Depuis lors, c'est de grand cœur que je me suis associé à vos efforts et j'espère bien que nous ne désarmerons pas encore ; mais quand, pendant tant d'années, on s'est frotté à la politique, on a remué tant de vilaines choses, vu tant de petitesses, deviné tant de bas fonds, on a le droit d'éprouver quelque fatigue et de trouver que l'humanité est décidément une œuvre bien misérable du Créateur !

Je ne sais ce qu'il sera possible de faire avec la Chambre qui est en activité à l'heure actuelle : elle me paraît moins bonne que les précédentes et surtout dans un état de confusion et de désordre dont rien ne permet encore de prévoir la fin.

Si pourtant nous n'arrivons pas à coordonner quelque peu les éléments très disparates qui la composent, elle fera beaucoup de mal pendant les quatre années et 7 mois qu'elle a à vivre.

## 46ᵉ LETTRE

Paris, le 24 novembre 1894.

. . . . . . . . . . .

Je ne suis pas étonné que vous ayez été satisfait de Félix Faure, c'est un galant homme avec qui j'ai depuis longtemps de très affectueuses relations.

## 47ᵉ LETTRE

Paris, le 3 décembre 1894.

. . . . . . . . . . .

Le moment psychologique que vous me signalez n'est pas arrivé et la Chambre, toute à sa lutte contre le socialisme, aux interpellations ou au budget, refuserait bien certainement son attention à une discussion qui sortirait de ce déplorable cadre.

LA FERRONNAYS.

## 1895

### 48ᵉ LETTRE

Paris, le 11 février 1895.

Mon cher Commandant,

Gerville-Réache, avec qui je me suis mis en rapport, dès mon retour avant-hier, m'a remis votre lettre du 24 janvier. Nous sommes absolument du même avis ; c'est qu'en ce moment, il y aurait inconvénient *à rien tenter*. En admettant — ce qui est fort douteux — que nous parvenions à imposer à la Chambre une question ou une interpellation, la moindre réponse du gouvernement serait accueillie avec empressement par nos collègues pour clore un incident tout à fait étranger aux sujets qui les préoccupent. Cela semble étrange, même abominable par certains côtés, lorsqu'on est loin du Palais Bourbon, et c'est, malheureusement, très vrai. Dans ces conditions le vote *d'enterrement* qui serait acquis constituerait un précédent qui nous serait opposé et d'où nous ne parviendrions jamais à nous relever.

J'ajoute que les choses tourneraient d'autant plus sûrement de cette façon que, dans le sinistre de l'*Elbe,* abordeur et abordé battent l'un et l'autre pavillon étranger, d'où il serait aisé de nous répondre que la chose ne nous regarde pas.

En ce moment, le budget prime tout ; après, nous en reviendrons à nous entre-dévorer et je ne pense pas qu'il y ait la moindre chance d'arracher cette triste Chambre à ses querelles pour s'occuper de questions élevées.

Voilà, hélas ! bien probablement la *Gascogne* perdue...

### 49e LETTRE

Paris, le 15 février 1895.

Ces messieurs considèrent comme très heureux le fait signalé par les *Tablettes* et je partage entièrement leurs sentiments ; j'en ai causé hier avec Gerville-Réache et il pense que cette initiative, entraînant nécessairement l'adhésion de l'Angleterre, assure le succès.

Quand on en sera à la période d'exécution, il y aura à trouver une forme de rédaction pour constater *la priorité* de vos démarches françaises ; mais soyez certain que jamais un Congrès *sérieux* n'eût étudié la question sur notre initiative : nous nous serions brisés à trop d'intérêts antagonistes, et l'on s'en serait tenu aux études officieuses, *sans sanction*, qui seules ont été faites jusqu'ici.

### 50e LETTRE

Paris, le 25 février 1895.

Vous avez tort d'être inconsolable de

notre résolution, car ce qui se passe est le seul moyen d'arriver à un résultat ; Vallon me l'écrivait encore l'autre jour en réponse à votre petit article des *Tablettes* que je lui avais transmis. Jamais l'initiative de la France n'aurait suffi à mettre en mouvement l'affaire qui, dans les circonstances actuelles, semble être en bonne voie de réussite. Dans sa lettre, Vallon exprimait l'espoir que, s'il y avait un congrès sérieux, vous y soyez délégué ; j'en serais, pour ma part, ravi et c'est une question que nous ne devrons pas perdre de vue quand l'heure de l'exécution arrivera.

### 51e LETTRE

Paris, le 12 mars 1895.

Nous allons voir ce que va devenir le Congrès que l'empereur d'Allemagne veut réunir sur la question des abordages en mer. J'avais un peu l'intention, à l'occasion du budget de la Marine, d'en entretenir la Chambre, mais l'agitation un peu factice qui s'est produite à propos de l'envoi de l'escadre à Kiel me paraît rendre cette démarche inopportune ; les agités pourraient en effet saisir ce prétexte pour faire des déclarations qui seraient gênantes. Au point de vue de ce congrès, encore assez éloigné, le mieux me paraît donc d'attendre un moment plus favorable.

## 52ᵉ LETTRE

Paris, le 14 mai 1895.

Je suis à Paris et tout à votre disposition comme d'habitude ; mais, nous nous casserions très certainement le nez aux portes de MM. les ambassadeurs en allant y frapper sans avoir prévenu. Soyez donc assez aimable pour me mieux préciser le moment de votre séjour à Paris ; je demanderai des audiences aux ambassadeurs de Russie, d'Autriche, d'Allemagne et d'Italie que je connais, voire à lord Dufferin et alors nous pourrons frapper à coup sûr....

## 53ᵉ LETTRE

St-Mars-la-Jaille, 2 juin 1895.

Je rentre à Paris mercredi matin et m'occuperai de suite des demandes d'audience..... Il me paraît assez inutile de voir lord Dufferin ; outre qu'il ne s'intéresse qu'aux grands problèmes de la politique supérieure, l'hostilité de l'Angleterre est une constante irréductible de l'équation que nous avons à résoudre ; nous perdrions notre temps à vouloir l'éliminer ; qu'en pensez-vous ?...

## 54ᵉ LETTRE

Paris, le 6 juin 1895.

. . . . . . . . . .
Il ne faut pas nous faire la moindre

illusion : la question est, soyez-en certain, le cadet des soucis des ambassadeurs ; j'espère qu'ils nous recevront tous, je suis certain que ceux qui nous recevront nous feront un aimable accueil ; mais ce sera simplement la banale politesse à laquelle les diplomates sont tenus envers tous ceux qu'ils voient et ils nous sauraient le plus *mauvais gré* de leur donner des explications sur un sujet qui leur est parfaitement indifférent. Excusez-moi de violer, en votre faveur, le secret professionnel par la divulgation des mystères des chancelleries où j'ai passé dix ans de ma vie, pendant lesquelles j'ai assisté plus de cinquante fois à des visites analogues à celles que nous ferons. En ce moment surtout, l'Arménie, l'Extrême-Orient, Kiel, etc., absorbent uniquement l'attention de ces messieurs et vous pouvez être sûr qu'ils n'envisagent l'Atlantique que comme une étendue de 3 à 4,000 kilomètres, que la Providence a eu la bonté de soustraire à toute chance d'incident.

Je ne puis donc motiver mes demandes d'audience que comme une simple présentation d'un document destiné à être remis à... à... à... ; afin d'éviter toute erreur à ce sujet, dites-moi si, dans ces conditions, les visites vous paraissent toujours nécessaires, car je comprends qu'il y a eu un malentendu sur le caractère qu'elles devaient avoir.

La Ferronnays.

# 1903

## 55ᵉ LETTRE

Paris, le 18 mars 1903.

Mon cher Commandant,

Voici longtemps que nous avons combattu ensemble pour la sécurité des mers et, hélas ! qu'a-t-on fait pour l'organiser ? On a augmenté la vitesse des paquebots et leur poids de manière à rendre maxima leur force de choc $\frac{mv^2}{2}$ : une destruction plus complète, plus rapide et plus certaine est le seul adoucissement qu'on ait apporté à une situation déjà intolérable quand nous nous en occupions : tant de choses ont été mises en péril depuis, à commencer par la dignité de la France, qu'il n'y a pas à s'en étonner ; il faudrait une action internationale énergique et risquer de mécontenter les Anglais. D... en mourrait, non pas de honte — il nous a démontré que sous ce rapport il était blindé — mais de chagrin !

Soignez-vous donc bien pour les luttes futures ; le nouveau bail que vous avez, me dites-vous, signé malgré vos 73 ans prouve que Dieu compte encore sur vous. Espérons des temps meilleurs et, jusque là, donnez donc quelquefois de vos nouvelles à vos vieux amis qui vous conservent, je vous en réponds, un bien affectueux et fidèle attachement.

## 56ᵉ LETTRE

Paris, le 28 mars 1903.

Je ne vous apprendrai rien en vous disant que je suis mal avec le gouvernement et particulièrement avec le sieur C..., qui me fait l'honneur de me rendre responsable de l'énergie du Conseil général ; or, la prochaine session avec les incidents que soulèvera le rapport du préfet sur les congrégations n'atténuera pas ce mauvais vouloir, au contraire ; en outre, vers la même époque, je présiderai probablement une autre conférence — violemment politique celle-là — qui sera donnée par mon ami Lerolle, député de Paris.

. . . . . . . . . . . . . . .

En ce qui concerne Terre-Neuve, il n'y a rien à espérer en ce moment, ni aussi longtemps que D..... sera ministre des affaires étrangères. Jamais l'influence anglaise n'a été aussi prépondérante au quai d'Orsay et la perspective d'une démarche, je ne dis pas même désagréable, mais simplement *déplaisante* à nos voisins, y mettrait tout en ébullition ; nous ne sommes plus au temps d'Hanotaux et de Félix Faure, ni des ministres avec qui nous avions négocié auparavant. Avant tout, d'ailleurs, aujourd'hui, la consigne est d'éviter toute négociation ; on n'en cherchera donc pas une nouvelle et il faut que l'initiative en soit prise par quelqu'autre puissance. J'en causerai avec Riotteau et Peytral, car je ne suis pas du bloc (Riotteau non plus, du reste), et à moi tout seul, je ne trouverais au quai d'Orsay que porte close et visage de bois !

## 57ᵉ LETTRE

Paris, le 5 juin 1903.

Hélas ! les ministres ne répondent jamais aux pétitions qui leur sont renvoyées ; si donc, vous n'avez pas reçu de réponse, soyez-en certain, c'est qu'il n'en a pas été fait. Le droit de pétition que les républicains ont été si ardents à réclamer sous l'Empire est devenu une véritable fumisterie ; dans la circonstance, le ministre « compétent » prescrit une enquête ; cette enquête n'aboutit pas ou n'aboutit qu'à prouver que l'administration s'est conduite de la façon la plus méritoire, et l'affaire est enterrée. C'est ainsi que les choses ont dû se passer pour le rapport de 1892 ; le ministre de la marine ne s'en est vraisemblablement pas occupé et ses successeurs moins encore. Vous voyez, du reste, dans la pratique, que les vitesses n'ont fait que s'accroître, puisqu'il fallait à cette époque 8 jours de Cherbourg à New-York et qu'aujourd'hui 6 jours suffisent pour faire le trajet ; je suppose que les bateaux de Terre-Neuve étant abordés plus violemment souffrent moins longtemps, c'est le seul progrès accompli et il démontre une fois de plus le mérite de la formule $\frac{mv^2}{2}$. Pardon de cette plaisanterie sur un sujet aussi triste, mais tout est à l'avenant.

## 58ᵉ LETTRE

Paris, le 28 juin 1903.

Vous ne m'avez pas envoyé l'article du *Times* dont, au surplus, je n'aurais pas eu le temps de m'occuper en ce moment, mais je vous en ferai volontiers une traduction lorsque je serai rentré à St-Mars ; quelle que soit sa longueur, je pense qu'en un jour ou deux je pourrai vous le livrer. Je ne crois pas que le Ministère soit organisé de manière à vous en fournir une traduction officielle : le document n'a en lui-même aucun caractère officiel ; c'est un article de journal ; par conséquent, le Ministère des Affaires étrangères ne peut en fournir une traduction qui pourrait être interprétée comme lui donnant un caractère officiel ; en second lieu, le Ministère des Affaires étrangères, même de documents officiels, ne donne de traductions que lorsqu'elles sont nécessaires à l'appui d'une négociation ; je ne pense donc pas que, sous ce rapport, vous ayez satisfaction.

Je suis en ce moment extrêmement surchargé et par conséquent je ne puis guère m'occuper de transmettre à M. le président de la République votre lettre ; d'ailleurs, il faut bien le dire, ce sont des questions auxquelles la Chambre actuelle n'accorde pas la moindre importance : on a voté des secours, 50,000 fr. je crois, et on n'y pense déjà plus. Il me semble, en outre, que l'accident survenu ne relève pas ou ne relève que très indirectement des questions qui ont fait l'objet de mon rapport à la 8ᵉ Commission ; nous demandions alors que des routes fussent fixées à l'entrée et à la sortie des ports, surtout en vue de la vitesse excessive des paquebots, et vous citiez notamment, si ma mémoire ne me trompe pas, un certain abordage de *La-Champagne*, je crois, survenu par un temps de brume sur les côtes du Calvados. Ici, le temps était clair, la vitesse était celle des honorables sabots employés au service de cette ligne côtière, c'est-à-dire qu'elle ne devait pas être excessive. D'après ce qui nous en a été dit, l'abordage serait dû à des imprudences venant des capitaines et à la non-observation par l'un et par l'autre des règlements relatifs à la navigation ; ce sont-là, il me semble, des causes absolument personnelles, contre lesquelles aucune législation ne saurait être une protection suffisante. Nous causerons de tout cela cet été ; mais, en ce moment, je vous le répète, le Parlement est absorbé par les questions religieuses et ne se laisserait distraire de ses préoccupations par aucune autre considération.

### 59e LETTRE

Paris, le 7 juillet 1903.

J'ai examiné encore une fois la proposition que vous me faites dans votre lettre du 1er juillet, mais, malheureusement, il n'y a rien à faire en ce moment ; j'estime même qu'une intervention compromettrait les chances que l'avenir peut nous réserver. En ce moment, l'attention est absorbée par d'autres préoccupations, au Sénat comme à la Chambre ; Peytral refuserait bien probablement de participer à la démarche et une lettre que j'adresserais à moi tout seul au Président de la République, fût-elle ouverte ou fermée, n'aurait, évidemment, même pas un succès d'estime. Le mieux est donc d'attendre que les esprits soient plus calmes. Nous causerons de tout cela quand je vous reverrai.

### 60ᵉ LETTRE

St-Mars-la-Jaille, le 16 août 1903.

. . . . . . . . . . . . . . .
Quant au dispositif, il me semble que celui-ci suffirait :

« Con-idérant que des catastrophes comme l'abordage récent du *Liban* et de l'*Insulaire* démontrent la nécessité de déterminer à nouveau les règles de marche des navires à la mer.

» Que les dispositions actuellement en vigueur ne répondent plus ni à la vitesse, ni au nombre des navires, ni à l'indépendance plus grande de leurs mouvements que leur a assuré l'emploi plus général des moteurs à vapeur.

» Que d'ailleurs une entente s'est établie à ce sujet entre les principales Compagnies de l'Atlantique pour assujettir leurs paquebots à des itinéraires déterminés, différents à l'aller et au retour et variables suivant les saisons.

» Que cette entente amiable et volontaire prouve la possibilité de donner des solutions nouvelles au redoutable problème de la navigation à grande vitesse.

» Emet le vœu

» Que le gouvernement, par l'intermédiaire de MM. les ministres du commerce, de la marine et des affaires étrangères prennent l'initiative d'une conférence internationale, dans le but d'arriver à l'adoption de règles nouvelles et d'itinéraires obligatoires aussi bien dans les eaux locales que dans les routes de haute mer fréquentées par un actif courant de navigation. »

Ce n'est là qu'un cadre. Rectifiez, modifiez et complétez.

### 61e LETTRE

Nantes, le 23 août 1903.

Le vœu ne sera rapporté qu'à la séance consacrée à les voter, c'est-à-dire sans doute le 11 septembre. Le conseiller général de la Chapelle sur-Erdre est chargé du rapport et s'intéresse depuis longtemps à la question ; il s'acquittera donc bien de sa mission et vous pourriez peut-être lui écrire vous-même pour lui demander d'insérer, dans le rapport, le tableau, mais je doute qu'il le fasse ; je ne puis le lui demander sachant que c'est contraire aux usages du Conseil général d'entrer dans de longs développements.

Quand le vote sera acquis, je pourrai vous le transmettre avec une lettre qui répondra à votre désir *en partie*, car je ne pourrais intervenir officiellement et comme président du Conseil général sans y être autorisé par un vote formel. Le mieux est donc que vous fournissiez à M. T... N... toutes les indications nécessaires pour faire son rapport.

## 62ᵉ LETTRE

St-Mars-la-Jaille, le 9 septembre 1903.

Je m'empresse de vous retourner le programme que vous avez bien voulu me communiquer et qui est fort intéressant ; malheureusement, il est à craindre qu'il ne soit absorbé par l'immense fumisterie de l'arbitrage international de la Haye. En ce qui concerne le Conseil général qui continue demain sa session, je ferai voter votre vœu, mais c'est tout ce que je pourrai obtenir, car la question laisse nos collègues assez indifférents. Les passions sont trop surexcitées en ce moment pour qu'il soit possible d'attirer l'attention sur un autre objet que les luttes religieuses. Il ne faut donc pas compter qu'il y aura une discussion et tout se bornera à un vote par mains levées, ce qui est la procédure habituelle en matière de vœux.

LA FERRONNAYS.

## 1904

### 63ᵉ LETTRE

Paris, le 31 janvier 1904.

Mon cher Commandant,

J'espère que la nouvelle année vous sera bonne à tous points de vue et que Dieu vous conservera la santé merveilleuse dont vous faites un si utile usage.

Je voudrais pouvoir ajouter que j'en attends le succès définitif de votre longue campagne; mais pour cela il faut une intervention législative et comme il ne s'agit ni d'une cornette à déchirer ni d'une soutane à chasser, il n'y a pas trop lieu d'y compter. L'idée fait des progrès, elle finira par s'imposer aux plus indifférents, mais pour cela il faudra que nous ayions un gouvernement soucieux des vrais intérêts du pays au lieu des sinistres pantins dont la franc-maçonnerie tient les fils et qui constituent le cabinet actuel. Les questions maritimes sont particulièrement sacrifiées entre Trouillot et Pelletan ; de ce dernier, il n'y a pas de jour que nous n'apprenions quelque énormité nouvelle ; on prétend que le *Sully* part, d'office, sous le commandement d'un officier qui n'a pas pu ou voulu résister aux volontés des ministres et qui devra conduire son navire, hors d'état de faire campagne, à la première ambulance qu'il rencontrera sur sa route, l'arsenal de Saïgon, s'il peut aller jusque là, peut-être ; il y a aussi un remorqueur qui, avec le dock flottant qu'il traîne, est quelque part entre Djibouti et Diégo-Suarez, mais on ne sait s'il flotte encore, ou s'il repose au fond de l'Océan. Je ne vous dis rien de la *Vienne*, ne doutant pas que vous n'en sachiez sur son compte bien plus long que nous, mais on prétend que son commandant, tout en se rendant compte que seul un miracle pouvait le tirer du golfe de Gascogne, n'a pas osé différer de 24 heures son départ dans la crainte d'être dénoncé par quelque casserole de Rochefort et relevé de son commandement par Tissier, Pelletan n'étant que la machine à valider les décisions de ce dernier et des quelques déclassés de la marine qui l'inspirent.

Dans ces conditions, vous n'avez guère à compter sur l'intérêt qu'à la rue Royale on manifestera aux questions générales, jusqu'au jour où la voix de l'opinion publique sera assez puissante pour se faire entendre.

Je vous renvoie la lettre de la Chambre de commerce du Mans, elle constate un progrès sérieux puisque son président vous autorise à vous appuyer sur l'avis qu'elle a émis.

Pardon encore, mon cher Commandant, du retard que j'ai mis à vous répondre. Vous savez qu'il ne faut pas m'en rendre responsable *moralement* et que mon attachement pour votre personne ainsi que mon dévoûment à vos idées n'y sont pour rien, mais seulement le manque de temps.

. . . . . . . . . .

## 64ᵉ LETTRE

26 août 1904.

Ainsi que je vous l'ai dit, le Conseil général ne peut pas entrer en communication directe avec M. Bernaert.....

L'essentiel serait qu'un gouvernement quelconque — et la Belgique, pays neutre, est plus qualifié que tout autre — prît l'initiative d'une entente internationale. Tant que la question ne sortira pas de la sphère des réunions comme celle dont parle le président de Rennes, elle ne fera pas un pas ou, du moins, n'en fera que d'infiniments lents, ces congrès, ligues, conférences, etc., n'ayant ni autorité ni caractère officiel. Pour aboutir, il faudrait une pression des compagnies anglaises sur leur gouvernement ou une invitation des Etats-Unis aux puissances maritimes. Je ne dis rien de nous ; grâce à MM. Delcassé et Cⁱᵉ et à leurs trop nombreux prédécesseurs pendant les trente dernières années, l'heure est passée où nous avions le pouvoir de nous faire écouter et ce qui se passe à Marseille n'est pas fait pour en hâter le retour.

## 65ᵉ LETTRE

St-Mars-la-Jaille, le 5 octobre 1904.

Des documents publiés au *Journal de Fécamp*, un seul me paraît important, c'est celui de Saïgon. Celui de Laval est à noter ; d'ailleurs les abordages maritimes étant peu à craindre dans les eaux de la Mayenne, on conçoit que le Conseil municipal ne puisse apporter à la question qu'un intérêt théorique.

. . . . . . . . . . . .

Les Etats-Unis seraient, à mon avis, mal qualifiés pour provoquer la conférence ; le vrai point d'appui, c'est la Belgique, si elle veut marcher.

### 66ᵉ LETTRE

Paris, le 22 octobre 1904.

Je ne vois pas comment on pourrait amener l'intervention à la tribune dont vous me parlez. Brisson tient très exactement la main à ce que l'ordre du jour soit strictement observé ; or, la question des routes de mer n'y figure pas et je ne vois pas par quel moyen on pourrait l'introduire. Il n'y a d'ailleurs rien à faire avant que la Belgique ait réellement fait une démarche auprès des puissances pour réunir un congrès sur cette matière. Tout au plus un député ayant l'oreille de la Chambre pourrait aborder la position lors de la discussion du budget de la marine ; nous avons le temps d'en recauser.

LA FERRONNAYS.

## 1905

### 67ᵉ LETTRE

Paris, le 26 mai 1905.

Mon cher Commandant,

. . . . . . . . . . . . .

..... Je vous renvoie la coupure du *Journal de Fecamp* en date du 9 mai 1905, parce que les explications que vous donnez sur le rôle de D..... sont précieuses à conserver.

Je suis heureux que les développements nouveaux donnés à notre vœu facilitent votre tâche.

### 68ᵉ LETTRE

Paris, le 29 juin 1905.

Hélas, il me paraît peu probable que les députés et sénateurs membres des Conseils généraux que vous me désignez prennent l'initiative de nouvelles délibérations ! Il y a en ce moment-ci trop d'affaires qui leur paraissent d'un intérêt plus immédiat et je doute qu'ils soient disposés à intervenir. Toutefois, vous pourriez peut-être écrire, en vous recommandant de moi, si vous le voulez. et en indiquant ce que nous avons fait dans la Loire-Inférieure, à MM. X..., Y..., Z...

Pour simplifier votre opération, vous

pourriez, il me semble, adresser à chacun de ces Messieurs une lettre-circulaire identique ; cela permettrait à ces Messieurs de recevoir votre communication avant la séparation de la Chambre, de telle sorte que ceux qui auraient le désir de renseignements supplémentaires pourraient me les demander. Il m'est impossible, avec le peu de temps dont je dispose et les préoccupations intenses qui nous absorbent en ce moment, de courir après eux. Je crois que c'est là le meilleur moyen d'aboutir et je ne vous disimulerai pas qu'il ne me paraît pas irréprochable. La question ne passionnera évidemment guère les gens de pleine terre comme ceux d'Eure-et-Loire, de Seine-et-Oise et de Seine-et-Marne, elle laissera assez indifférents les départements qui n'ont pas un gros trafic d'exportation par mer tels que la Mayenne et la Sarthe ; je ne crois donc pas que vous ayez grande chance d'obtenir de ce côté plus que vous n'avez déjà obtenu.

### 69e LETTRE

Paris, le 2 juillet 1905.

. . . . . . . . . . . .

Les nouveaux abordages sont d'affreuses catastrophes, mais comme c'est le bâtiment anglais, suivant la formule habituelle, qui a coulé l'autre, les Anglais continueront à trouver que tout est pour le mieux dans le meilleur des mondes possible et il n'y a rien à attendre de l'initiative des Gouvernements.

Je fais partie du groupe que vient de fonder l'amiral Bienaimé ; je n'ai malheureusement pas pu assister à la réunion dans laquelle il s'est constitué et je vais en causer avec lui de manière à me placer, s'il y a moyen, dans la sous-commission des abordages ; je verrai alors qu'elle impulsion il est possible de donner à la chose de ce côté.

Les difficultés avec l'Allemagne sont loin d'être terminées ; nous avons simplement en ce moment une accalmie dont il faut savoir profiter, mais le danger reste toujours très grand parce qu'il ne provient pas de l'Allemagne, fort désireuse de rester en paix avec nous, mais de l'Angleterre, déterminée à avoir une guerre avec l'Allemagne et à prendre pour prétexte de nous venir en aide afin de ne pas se donner l'odieux de la déclarer elle-même ; elle cherche donc et cherchera par tous les moyens possibles à faire naître des complications et des incidents. Je ne nous considèrerai comme hors de danger que quand nous aurons définitivement renoncé à la politique de fou furieux que faisait M. D..... Malheureusement, vous connaissez trop le vent qui souffle au quai d'Orsay pour croire qu'il soit facile de lui faire moudre autre chose que de la farine anglaise.

## 70ᵉ LETTRE

Paris, le 12 juillet 1905.

Que dites-vous du *Farfadet* ? Perdu

parce que Pelletan n'avait rien laissé faire à Bizerte ! Il a fallu réclamer l'assistance des Allemands, des Italiens et de l'industrie française privée. Encore *si on parvient* à arracher le malheureux sous-marin à son lit de vase profonde, est-ce au dévouement remarquable de l'équipage du *Berger Wilhelm* et à l'outillage puissant de ce Hambourgeois qu'on le devra.

Et dire que ce misérable P... n'est pas encore pendu !...

La Ferronnays.

J'oubliais de vous dire que décidément le *Sully* ne sera jamais renfloué. Il est accroché, paraît-il, sur une aiguille de rocher qui pénètre de 2 m. 50 dans la chaufferie. C'est ce crochet naturel qui seul l'empêche d'être déjà au fond et dès qu'on cherchera à le dégager il coulera à pic ; voilà paraît-il la vérité, et tout ce qu'on nous raconte sur les pontons et docks flottants qui n'arrivent pas au couleur, n'est que de la fumisterie.

## 71e LETTRE

St-Mars-la-Jaille, le 28 octobre 1905.

Je pars tout à l'heure pour Paris où me rappelle la rentrée des Chambres et j'emporte avec moi les épreuves ; mais véritablement je n'avais jamais compris que mes lettres dussent constituer à *elles seules* la brochure ! Je croyais qu'elles étaient des documents à l'appui d'une histoire de vos longues démarches et alors quelques-unes d'entre elles pouvaient présenter un certain intérêt en montrant les difficultés avec lesquelles vous avez dû vous mesurer. Je pensais également qu'avec les miennes devaient être publiées les lettres de plusieurs de ceux qui avaient lutté à vos côtés.

Sauf erreur, il ne s'agit pas de cela, et alors je ne vois plus du tout l'intérêt de cette publication. Sans ce commentaire, formant un lien historique, ma correspondance est à peu près inintelligible.....

Je crains que votre vieille et bien précieuse amitié ne vous ait égaré en ce qui concerne le mérite de ma prose et je vous supplie de bien examiner si cette publication peut être continuée sous la forme qu'elle paraît avoir actuellement.

### 72ᵉ LETTRE

Paris, le 8 décembre 1905.

. . . . . . . . . . . .

Très certainement le ministre des affaires étrangères nous enverrait promener en ce moment ; il a par dessus la tête de la conférence d'Algésiras et n'a aucune envie de s'en mettre une *seconde* sur les bras. La situation étrangère est très mauvaise et l'état de l'Europe éminemment instable ; je ne crois pas que le danger soit *imminent*, mais il peut être prochain et exige toute la vigilance du ministre ; il ne prendra donc assurément pas l'initiative d'une conférence et ce sera déjà bien beau si, cette initiative étant prise par quelqu'autre puissance — le président Roosevelt notamment, — il consentait à s'y faire représenter. Quant à la Chambre, elle a bien d'autres soucis en tête, avec les exigences chaque jour croissantes des socialistes qui demandent incessamment pour les ouvriers le droit au repos avec 100.000 francs de traitement annuel. Ajoutez à cela les inextricables intrigues qui se nouent chaque jour autour de la prochaine élection présidentielle, et vous comprendrez sans peine l'inutilité de demander un instant d'attention pour un autre objet. A mon avis, il n'y a plus rien à attendre de cette Chambre-ci ; peut-être, la prochaine sera-t-elle moins absorbée par la lutte religieuse, et dans ce cas nous pourrions tenter quelque chose.

La Ferronnays.

## 1906

### 73ᵉ LETTRE

Saint-Mars-la-Jaille, 3 septembre 1906.

. . . . . . . . . . . . . .

Il ne faut pas nous faire la moindre illusion sur l'utilité d'une lettre soit à S... soit à B... Du moment que l'anticléricalisme n'est pas engagé dans la question, ils se moquent également tous deux de la sécurité sur mer, n'étant pas de ceux qui s'exposent à ces dangers. Je ne vois encore rien à faire. Cette conférence n'a pas un caractère officiel, mais elle peut conduire à une étude internationale de la question ; et trois pays seuls peuvent en prendre utilement l'initiative : l'Allemagne, l'Angleterre ou les Etats-Unis. C'est encore l'Allemagne qui me paraîtrait la plus sûre, parce que, chez elle, le progrès est moins qu'ailleurs, entravé par la considération d'intérêts mesquins.

Il me semble, les choses étant ainsi, que votre rôle, si vous n'allez pas à Berlin vous-même, est de pousser l'Association Anglaise dans la voie où elle paraît prête à entrer ; pourtant, dans la lettre que je vous retourne, il y a bien une sérieuse réticence. N'est-ce pas l'Angleterre, plutôt que la Norwège, qui retarderait l'intervention d'un arbitrage international dans ses affaires ? Je vous livre cette pensée pour ce quelle vaut et le mot arbitrage qui tombe de ma plume me fait penser à une moyen de toucher le cœur de B.... Je vais lui écrire.

LA FERRONNAYE.

### 74ᵉ LETTRE

Saint-Mars-la-Jaille, 10 septembre 1906.

Bravo, mon cher Commandant, vous trouverez le terrain le plus propice à Berlin pour que vos idées germent et fructifient.

# 1907

### 75ᵉ LETTRE

Saint-Aignan, 15 février 1907.

. . . . . . . . . . . .
Un des groupes d'études que la minorité a constitués pour tâcher de lutter contre les grandes commissions, formées par la majorité, celui des questions militaires et maritimes, va s'occuper des conseils de guerre. Il est présidé par Bienaimé, j'en fais partie et je lui signalerai le grand intérêt que présentent vos articles du *Journal de Fécamp;* nous ne pourrons, hélas ! que sauver l'honneur du pavillon, mais ce n'est pas assez.

LA FERRONNAYE.

### 76ᵉ LETTRE

Nantes, 8 avril 1907.

. . . . . . . . . . . .
En ce qui concerne le vœu sur une commission internationale, je ne sais pas si le Conseil général sera disposé à s'en occuper en ce moment. La session est courte, l'ordre du jour chargé de questions assez importantes, et enfin, en réponse à notre délibération du mois d'août, le ministère des affaires étrangères nous a fait savoir que la question était à l'étude. Il ne me paraît donc pas

facile de pousser plus loin en ce moment. Je verrai, toutefois, ce qu'en pensent mes collègues à qui j'en parlerai tantôt.

La Ferronnaye.

77<sup>e</sup> lettre

Saint-Mars-la-Jaille, 25 avril 1907.

Très à la hâte, je vous envoie la traduction que vous me demandez :

Cher Monsieur Riondel,

Excusez-moi de vous écrire en anglais, étant fort pressé par le temps. J'ai le regret de vous annoncer que, comme nous ne pourrons disposer que de trois jours à la conférence américaine en projet, comme l'an passé, le désir très réel que les sujets mis en discussion fussent strictement limités a été exprimé par tous les membres prenant part à la conférence sans caractère officiel, désir auquel le bureau se croit obligé de déférer. Il sera impossible d'inscrire à l'ordre du jour de cette année le sujet si important auquel vous vous intéressez tant et pour lequel vous jouissez d'une grande supériorité.

Il y aura, en Hongrie, en 1908, une conférence où j'ai bon espoir que cette question pourra être examinée.

Puis-je vous engager à vous mettre en rapport avec M. Moveiss, au bureau parlementaire de la Société d'Internationalisme. (Je traduis mot à mot, mais je pense qu'on pourrait, sans erreur, dire : à la Société des études Internationales) et M. Van Lennepwey, La Haye, Hollande. Ses propositions pourraient contribuer à seconder les efforts bienfaisants que vous avez tant à cœur.

78ᵉ LETTRE

Paris, 24 mai 1907.

. . . . . . . . . . .

Pendant mes très courts séjours à Paris, je suis tellement surchargé de besogne que je ne sais comment m'y prendre pour en sortir. C'est vous dire qu'il m'est, pour le moment, complètement impossible de m'occuper de notre affaire.

Gervais m'a bien renvoyé votre lettre et son avis est que la réforme, excellente en théorie, se heurtera dans la pratique à une résistance absolue de la part de l'Angleterre, sans laquelle, tout naturellement, il n'y aura moyen de rien faire.

En tout cas, je ne vois pas trop ce qu'il y a à faire en ce moment-ci. La Chambre est hors d'état de s'occuper d'une question quelconque, *a fortiori* d'une affaire relative aux questions maritimes qui lui causent une terreur épouvantable.

. . . . . . . . . . .

Nous sommes dans un gâchis tel qu'il n'est même plus possible de discuter des questions presque indifférentes sans aboutir rapidement à des incidents tellement tumultueux qu'il est nécessaire de suspendre la séance pour permettre aux esprits de se calmer.

Je reviens à vos affaires. Je ne crois pas que, sous la forme que vous lui avez donnée, la proposition de nomination d'une commission internationale permanente puisse être soumise comme pétition à la Chambre. La commission qui en serait chargée écarterait, très certainement, toutes les considérations sur ce qu'ont fait les conseils généraux, les autres gouvernements, etc , comme étant beaucoup trop longues. Il suffirait d'un exposé très succinct de la question, terminé par la proposition reproduite à la 4ᵉ page de la pièce ci-jointe. sans citer ni la Chambre de commerce ni le Conseil général, toute opinion qui, dans le cas actuel, n'aurait aucune espèce de poids.

Je vous retourne donc ce document afin que vous examiniez, s'il y a lieu, de lui donner une autre forme. Si vous y tenez dans sa forme actuelle, je me ferai un plaisir de le déposer comme pétition, mais je ne dois pas vous dissimuler qu'elle n'aboutira qu'à une forte aspersion d'eau bénite de cour.

La Ferronnaye.

### 79ᵉ lettre

Paris, 27 mai 1907.

Nos deux lettres ont dû se croiser, car dans celle que je vous ai écrite. je vous disais que votre pétition gagnerait à être sensiblement modifiée dans la forme pour être utilement soumise à la Chambre. Il faudrait surtout élaguer beaucoup dans l'exposé de ce qu'ont fait d'autres assemblées de tout ordre parce que cela n'a aucune action sur les commissions parlementaires. Il suffirait d'énumérer les Conseils, Chambres de commerce, Sociétés, etc., qui ont encouragé vos efforts et résumer ce que vous désirez sous la forme d'un vœu très précis et concis.

Dans ces conditions, il se peut que la commission renvoie au ministre compétent, en des termes sortant de la banalité habituelle, mais ce ne sera pas avant plusieurs mois, car voici les vacances qui viennent et le travail des commissions sera désormais à peu près nul jusqu'au mois de novembre.

LA FERRONNAYE.

www.ingramcontent.com/pod-product-compliance
Lightning Source LLC
LaVergne TN
LVHW020943090426
835512LV00009B/1688